LES CAHIERS VALÉRY

II

R. P. GILLET, O. P.

PAUL VALÉRY

ET LA

MÉTAPHYSIQUE

LES CAHIERS VALÉRY

PAUL VALÉRY

ET LA MÉTAPHYSIQUE

R. P. GILLET, O. P.

PAUL VALÉRY

ET LA

MÉTAPHYSIQUE

LA TOUR D'IVOIRE
39, RUE JONQUOY, 39
PARIS

Parisiis 30ª Januarii 1927
Imprimatur
G. Court
Vic-gén-Arch.

PAUL VALÉRY
ET LA MÉTAPHYSIQUE

Point de tête plus mathématique et moins métaphysicienne » écrit Henri Massis à propos de Paul Valéry. Sur ce dernier point, je serais moins affirmatif. Il est vrai que Paul Valéry n'aime pas la métaphysique, et qu'il méprise les philosophes. Mais à voir la façon originale dont il poursuit ces derniers sur leur propre terrain, la méthode préconisée par lui pour les détruire, les dons précieux d'analyse et de synthèse qu'il met au service de sa propre pensée, j'ai l'impression d'un métaphysicien qui aurait manqué sa vocation. Sans doute le poète a desservi en lui le philosophe, mais en d'autres temps, sous d'autres influences, ou à la faveur d'autres circonstances, il aurait pu le servir, lui prêter les ailes de l'imagination pour l'aider à planer dans le ciel des idées.

Quoi qu'il en soit d'ailleurs de cette hypothèse, le fait est que Paul Valéry a gardé une dent contre les philosophes, voire contre la philosophie. A l'égard de certains philosophes modernes tout au moins, c'est de l'ingratitude; car il n'est pas sûr que sans eux il eût aussi facilement libéré sa pensée de l'*objet* qui, selon lui, l'obscurcit, ni échappé avec tant d'aisance aux contraintes de l'*être* pour mieux s'abandonner, en artiste, aux séductions du *paraître*.

En fait, les philosophes qu'il poursuit de ses sarcasmes sont ceux qui croient encore à l'objectivité des idées; admettent que l'être est l'objet de l'intelligence, et se préoccupent plus de cet objet que de l'exercice de la pensée qui le représente.

Nous aurons, au cours de cette étude, l'occasion de dire pourquoi Paul Valéry les trouve insupportables, et de montrer que, dans le procès de tendance qu'il leur intente, l'artiste y a plus de responsabilité que le penseur. Mais n'anticipons pas.

Notons seulement que le problème de la connaissance, avec la solution qu'il lui donne, domine toute son œuvre; que ce grand artiste, doublé d'un réel penseur, est bien de son temps, je veux dire d'un temps où les philosophes, pour la joie des artistes, et de beaucoup d'autres, ont appliqué toutes les ressources de la critique à dissocier la pensée de l'être, l'objet du sujet, bref à rendre désormais impossible toute spéculation métaphysique.

Comment s'y sont-ils pris? Dans quelle mesure Paul Valéry a-t-il subi leur influence? Et peut-on, malgré lui et malgré eux, rêver d'un accord possible entre la métaphysique et la poésie ? C'est à quoi nous allons essayer de répondre en toute impartialité et clarté.

I

PENSÉE ET RÉALITÉ D'APRÈS LES MODERNES

« GARDONS-NOUS, dit Platon, de devenir des misologues comme d'autres deviennent des misanthropes; car le plus grand des malheurs est celui de haïr la Raison. » Lorsqu'on jette un coup d'œil d'ensemble sur la philosophie contemporaine, ces paroles du Phédon semblent écrites d'hier, tant la raison a été maltraitée de nos jours par ceux-là même qui se vantaient le plus de vouloir l'exalter.

« Du jour où Descartes, par son doute, remarque un philosophe moderne, opposa l'un à l'autre la Pensée et l'Etre qu'une croyance naïve avait jusqu'alors inséparablement unis, le problème théorique, le problème de la connaissance fut posé. (1) Ainsi donc il a fallu attendre jusqu'à Descartes pour poser le problème de la connaissance. Pendant plus de vingt siècles, les philosophes de l'antiquité et ceux du moyen âge auraient cru « naïvement » qu'il se pose de lui-même; qu'il n'est pas nécessaire, pour le résoudre, d'opposer l'un à l'autre la Pensée et l'Etre, mais qu'au contraire la Pensée appelle l'Etre comme la matière sa forme, et plus généralement la puissance son acte, en vertu d'une loi mystérieuse d'attraction à laquelle paraît soumis l'Univers. Ils en auraient conclu, toujours avec la même naïveté — celle des Sages dont l'esprit reste docile aux enseignements de l'expérience — que l'Etre est l'objet même de la pensée; que le connaître lui-même est un mode d'être, parce qu'il résulte de l'assimilation par l'intelligence, sous une forme immatérielle et intentionnelle qui lui est propre, de l'idée réalisée en dehors d'elle dans les êtres matériels. Alors ils ont proclamé avec Aristote, le plus grand d'entre eux, que l'intelligence est appelée « à devenir toutes choses », en recréant pour ainsi dire en elle le monde des choses en soi, par l'intermédiaire des idées qui la mettent naturellement et immédiatement en contact avec elles, et les lui révèlent dans leur pure intelligibilité, sans porter aucune atteinte à leur réalité. Ils ne se sont point imaginé que, pour poser le problème de la connaissance, il fallût commencer par en dissocier les termes, la Pensée et l'Etre, l'objet et le sujet. Encore moins ont-ils cru que le plus sûr moyen de le résoudre était de supprimer l'un des termes. Ils avaient du bon sens, et, à en croire les philosophes modernes, leur doctrine s'est toujours ressentie de cette infirmité.

Toutefois, ce n'est pas à Descartes, mais à Kant qu'était réservé l'honneur de rompre violemment avec la « croyance naïve » des anciens philosophes, et d'installer la Pensée moderne sur les sommets d'un idéalisme tellement élevé qu'elle en deviendrait impuissante à rejoindre le monde extérieur, dont Kant — on ne sait trop pourquoi — admettait encore l'existence. Le point de départ de la « Critique de la Raison pure » est connu. C'est le fait même de la science, ou l'accord de notre pensée avec les choses. Cet accord est-il possible, et peut-il être justifié? Tout le problème philosophique est là, éternel problème dont dépendent tous les autres; que la Sagesse des siècles avait posé et résolu en se fiant simplement aux données du « Sens commun » et de l'expérience, mais qu'il a plu à un philosophe allemand et à ses successeurs de poser et de résoudre sans tenir compte de l'expérience et au rebours du sens commun.

A maintes reprises, saint Thomas s'est posé cette question : dans la connaissance, qu'est-ce qui est vraiment connu? Est-ce la représentation ou est-ce la chose? Est-ce l'image intelligible ou sensible, ou est-ce l'objet? Pour lui la question est simple. Si c'est la représentation sans la chose, si c'est l'image ou l'idée sans l'objet, alors tout ce qui apparaît est vrai, même les contradictoires. Une intelligence qui ne connaîtrait que ses propres états ne pourrait juger que de cela même, et selon qu'elle en serait affectée. Ainsi tout jugement serait vrai, toutes opinions équivalentes. En résumé, tous les états de connaissance auraient une égale valeur, c'est-à-dire qu'ils seraient sans valeur.

Mais les solutions simples ne sont pas du goût des philosophes modernes qui se recommandent de Kant. « Au Sens commun » qui, dans la connaissance, ne sépare pas l'objet de l'idée qui le représente, ils opposent leur sens propre. S'il y a du réel en dehors de la connaissance, affirment-ils, la connaissance ne saurait l'atteindre, parce qu'elle n'atteint que soi. Le réel, comme tel, est inaccessible. Voilà leur postulat, et c'est bel et bien une pétition de principe, puisqu'ils posent en principe cela précisément qui est en question. Kant en a poussé si loin les conséquences qu'arrivé au terme de sa « Critique de la Raison pure », il n'a cru possible de rejoindre le réel que par le détour de la croyance, en inventant de toutes pièces sa doctrine de la « Raison pratique ».

Je n'ai pas à analyser ici, dans le détail, le système de Kant, dont presque toute la pensée philosophique moderne est imprégnée. Qu'il me suffise de rappeler qu'après avoir renfermé la connaissance en elle-même, sous prétexte que l'on n'en peut sortir pour atteindre les choses en soi, Kant s'est vu obligé, afin de justifier le caractère de nécessité et d'universalité de la science, de faire violence à la Raison et d'y introduire des formes *a priori*, elles-mêmes injustifiables et injustifiées. Ce que la Pensée réfléchie découvre dans les choses, d'après lui, ce sont les lois qu'elle-même y a introduites dans une action inconsciente et en quelque sorte créatrice de son objet, par une synthèse originale et *a priori* de ses éléments.

Les disciples de Kant devaient se charger de pousser son Idéalisme bien au delà des limites qu'il avait lui-même prévues. Malgré son puissant effort pour réduire le réel à l'intelligible, l'Etre à la Pensée, Kant n'avait point échappé à l'obsession de la « chose en soi », et il admettait, en dehors de l'esprit, l'existence d'un monde extérieur, dont les phénomènes et les noumènes devaient se partager l'activité de la science et de la raison. D'un trait de plume, Fichte supprime les « choses en soi » et pose la seule réalité de l'Esprit. Seul l'esprit existe ou, du moins, doit exister. Il est, au fond, l'activité, la Liberté pure, dégagée de tous les objets qui ne l'expriment qu'en la limitant, et son essence est non pas d'être donné tout fait, comme un objet inerte, mais de se faire et de se produire. La connaissance ne consiste donc plus dans la justification de l'accord de la Pensée avec l'Etre donné, avec le monde, mais dans la conscience de cette production de l'Esprit par lui-même. Hégel renchérira encore sur l'Idéalisme de Fichte, par l'identification absolue de l'Etre et du non-être, sous les espèces d'une idée purement logique et cependant créatrice d'être.

Avec Hegel, nous sommes au dernier stade de l'évolution de l'Idéalisme. Pour avoir dissocié, au point de départ, dans le problème fondamental de la connaissance, des termes que l'expérience nous montre indissolublement unis — la Pensée et l'Etre — la Philosophie contemporaine, celle du moins qui s'inspire de Kant, s'est engagée dans l'impasse d'un Idéalisme dont elle n'a pu sortir. Plutôt que d'accepter l'accord, mystérieux sans doute, mais infrangible, de la Pensée avec l'Etre, elle a commencé par les opposer l'un à l'autre; elle a sacrifié ensuite l'un des deux, l'Etre à la Pensée; puis elle a fini par énerver la Pensée elle-même en égalant en elle le non être à l'être.

Ce n'est pas avec une pareille doctrine, qui se détruit par ses propres moyens, qu'il est possible de répondre aux aspirations les plus profondes de l'âme humaine, celles qui, de tout temps, ont poussé les hommes à se faire de la nature humaine et de

Dieu, des conceptions autrement nettes et fécondes.

*
* *

Tandis que les idéalistes s'abandonnaient ainsi, avec orgueil, à l'ivresse de la critique, la science positive triomphait et contribuait à l'installation officielle de l'athéisme et du matérialisme dans la « pensée moderne ». C'était l'époque où Renan prophétisait l'Avenir de la Science; où Berthelot s'essayait à créer la vie au fond de ses cornues; où Darwin accréditait auprès du grand public la doctrine séduisante de l'évolution des espèces; où Spencer « intégrait l'univers »; où Taine démontait pièce par pièce la mécanique de l'intelligence; où Cournot esquissait la synthèse des sciences; où Auguste Comte, enfin, songeait à fonder la Religion du Positivisme.

Sous les auspices de la science, certains philosophes se grisèrent de matérialisme comme d'autres, inféodés à Kant, se grisaient d'idéalisme.

C'est alors qu'un philosophe français, M. Bergson, initié de bonne heure à une remarquable culture scientifique, entreprit de démontrer l'inanité du mécanisme.

On l'a remarqué avec justesse, il existe deux bergsonismes : un bergsonisme d'intention, dont il serait puéril de nier la haute valeur et les brillants résultats, et un bergsonisme de doctrine qui n'est, en somme, que de l'hégélialisme retourné.

Il nous faut dire un mot de chacun d'eux, non pour porter un jugement définitif sur un système qui demanderait à être achevé, mais pour montrer clairement qu'en dépit des meilleures intentions, la plus grande injure qu'on puisse faire à la Raison, c'est de commencer par limiter arbitrairement ou par nier le pouvoir qu'elle tient de la nature de connaître la vérité.

Ce sera certainement l'honneur de M. Bergson d'avoir vu et démontré avec vigueur que le positivisme soi-disant scientifique n'est qu'une agglomération grossière de préjugés métaphysiques plus ou moins inconscients, et que la physique-mathématique en particulier, loin d'atteindre le fond de toute réalité, nous fournit seulement une image plus ou moins approchée des phénomènes. Mais son erreur est d'avoir étendu à la Raison elle-même une impuissance à atteindre le « fond des choses » qu'à bon droit il reconnaît à la Science.

Si l'on pouvait ne tenir compte que des intentions, il est très possible qu'en abordant la psychologie, M. Bergson ait dû reconnaître, après une étude plus approfondie des données de l'expérience, que, sur certains points essentiels — tels que l'existence de Dieu, la nature de l'homme, la liberté — les idées que s'en font d'ordinaire les positivistes ou scientistes sont radicalement insuffisantes. Et même je ne crois pas qu'aucun philosophe, doublé ici d'un grand savant, ait jamais démontré avec plus de clarté et de profondeur que les explications mécaniques de l'Univers ne sauraient être que « des vues prises du dehors » sur le réel, à propos d'expériences fragmentaires et provisoires. Nous en dirons nous-même bientôt les raisons. Mais je le répète à dessein, le tort de M. Bergson qui, avec une scrupuleuse inconséquence, a lui-même construit son système philosophique sur une hypothèse scientifique, celle de l'évolution, est d'avoir trop sacrifié à la pensée moderne en rendant l'intelligence responsable des déformations arbitraires dont le « scientisme » seul pouvait être accusé à l'égard de la réalité. Pour échapper au mécanisme, il fit de l'hégélianisme à rebours, et prit le parti, en posant le problème de la connaissance, de nier l'intelligence et l'être.

Hégel en était arrivé, par un culte exagéré de la Pensée pure, à miner la Pensée elle-même dans laquelle il identifiait l'être et le non-être, sous le couvert d'un devenir créateur; M. Bergson, par un mépris non moins exagéré de l'intelligence, lui dénie le pouvoir qu'elle tient pourtant de la nature de saisir l'être des choses et, non content d'opposer la Pensée à l'Etre, les supprime tous les deux, n'admettant, lui aussi, qu'une « évolution créatrice », où la *durée* remplace l'être, où l'*intuition* sensible joue le rôle réservé jusque là à l'intelligence. Puisqu'il n'y a pas d'être et que tout est mouvement; puisqu'il n'y a pas de substance et que la durée est l'étoffe même des choses; puisque l'intelligence, dont la fonction propre est d'abstraire, ne saurait prendre ainsi connaissance de la durée qu'en la supprimant, du mouvement qu'en l'immobilisant, force nous est donc de renoncer à l'intelligence pour connaître la réalité, et de recourir à une intuition soi-disant supérieure à l'intelligence, qui nous mette au cœur même des choses et nous les fasse saisir dans leur essentielle mobilité, comme on prendrait conscience d'un fleuve en s'y plongeant tout entier, en s'abandonnant à son cours avec volupté.

Ainsi la doctrine bergsonienne coupe la vérité dans sa racine, rejette l'intelligence du domaine de la spéculation dans celui de l'action, et enlève aux thèses spiritualistes toute signification propre. « La liberté s'y confond avec la contingence; l'unité du composé humain est compromise sans que le dualisme soit vraiment établi; l'homme, quoi qu'en dise l'auteur, ne peut différer qu'en degré des autres vertébrés; l'immortalité de l'âme n'est qu'une sorte de perpétuation physique de l'élan vital; il n'y a pas de création proprement dite, pas de distinction réelle entre les corps, pas de différence absolue entre Dieu et le monde; la nature divine, enfin, et les attributs divins s'évanouissent, le nom seul de Dieu créateur est conservé. En général, les mots seuls sont conservés, leur contenu intellectuel est dissipé, remplacé par des images fuyantes. » (2)

Le réalisme de M. Bergson aboutit au même nihilisme intellectuel que l'idéalisme de Hégel, et c'est le cas où jamais de répéter que les extrêmes se touchent. Qu'on exalte la raison outre mesure ou qu'on la rabaisse sans mesure, on lui fait injure dès qu'on pose le problème autrement qu'elle, et on s'expose à tous les mécomptes. Ce n'est sans doute pas la même chose d'identifier l'être avec la pensée et de dénier à la pensée tout pouvoir d'atteindre l'être; mais, pratiquement, cela revient au même. Dans un cas comme dans l'autre, le fleuve abondant de la vérité est pour ainsi dire séché dans sa source, et rendu incapable de refléter fidèlement le monde des choses. De pareilles mutilations de la Raison la rendent impuissante à régénérer les esprits de notre temps, si impatients de connaître la vérité et d'en vivre. Des doctrines aussi décevantes doivent faire place à celles qui, au cours des siècles, depuis l'antiquité jusqu'à nos jours, ont vraiment honoré la Raison en ne la séparant pas de son objet qui est l'être, et avec lequel l'expérience nous la montre perpétuellement et universellement en contact. C'est d'ailleurs sur ce roc de l'être qu'a été construite, à l'origine, cette philosophie éternelle, dont l'éternité reste le meilleur gage de son actualité.

II

PAUL VALÉRY ET LA PENSÉE PURE

GARDONS-NOUS d'abord de prêter à Paul Valéry un système philosophique. Ce poète est le moins systématique des philosophes. C'est en glanant, à travers son œuvre, un certain nombre de textes, et en les rassemblant pour les éclairer l'un par l'autre, qu'on a quelque chance, sinon de fixer sa pensée sur certains points de doctrine, du moins de dégager sa méthode. Il serait, en effet, téméraire de vouloir fixer si peu que ce fût, une pensée qui se déclare essentiellement mobile et provisoire; de s'autoriser pour cela des notes que Paul

Valéry a écrites pour lui, il y a quelque trente ans, sans songer qu'elles seraient imprimées un jour, et qu'il a publiées telles qu'elles depuis sans ordre apparent et sans retouche. Lui-même nous en prévient spirituellement dans une courte introduction à ses *Analecta* (3). « Je ne réponds pas que ces petits textes soient toujours faciles à entendre, et je dois avertir mes lecteurs imprévus qu'ils n'y trouveront guère qu'une matière abstraite traitée aussi directement et simplement que peut l'être une indication pour soi-même. Qu'il leur souvienne en parcourant ces feuillets qu'il y a une différence incalculable, un *intervalle indéterminé* entre l'embryon d'une idée et l'entité intellectuelle qu'elle peut devenir.

« Cette différence peut aller jusqu'au maximum de contraste, qui est la contradiction. »(4)

Nous voilà avertis. Les pensées philosophiques de Paul Valéry, dont son œuvre est émaillée, ont moins de fermeté que sa prose, elles ne sont que des pensées d'un moment, fixant certains moments de sa pensée. Car l'auteur nous autorise à croire que sous l'influence « d'une réflexion prolongée, d'une contemplation plus précise ou d'un *grossissement par la durée* un peu plus fort », elles pourraient bien un jour changer du tout au tout ... Soit, mais en attendant, que pense Paul Valéry des Philosophes et de la Philosophie?

PAUL VALÉRY ET LA PHILOSOPHIE

Il pense que « dans le métier de philosophe, il est essentiel de ne pas comprendre. (5)

« Avec les philosophes, dit-il encore, il ne faut jamais craindre de ne pas comprendre. Il faut craindre énormément de comprendre.

« Mais il faut chercher à les comprendre, eux. (6)

Essayons donc, et voyons d'abord ce qu'il faut entendre par « philosopher ».

« Philosopher est possible à cause de l'impossibilité de noter les intuitions.

« Si quand le penseur parle de l'Etre, etc., on voyait exactement ce qu'il pense à ce moment, au lieu de philosophie, que trouverait-on?

« Qu'est-ce que le Cogito? Sinon tout au plus, la traduction d'un intraduisible état. » (7)

Philosopher, d'après Paul Valéry, c'est en définitive parler de ce que l'on ignore et dans la mesure de son ignorance. Dans ces conditions on comprend qu'il méprise la philosophie, et parle d'une recette pour détruire les philosophes.

« La philosophie, dont j'ignore ce qu'elle est, — parle de tout, par ouï-dire. Je n'y vois point de permanence de point de vue, ni de pureté de moyens. » (8)

« On peut lire un livre de philosophie dans sa suite, comme un développement possible. Mais on peut, au lieu de le prendre ainsi, l'interroger ou l'aborder de questions que l'on s'est faites et lui demander des réponses. C'est là le danger des philosophes et nul n'y résiste. Cette épreuve est une épreuve de *fonctionnement*. On demande au système de jouer entièrement et de s'adapter à un besoin, non à une lecture. » (9)

Pour jeter ainsi l'anathème aux philosophes, et nourrir le noir dessein de les détruire, il faut que Paul Valéry ait de graves raisons. Qu'est-ce donc qu'il leur reproche? Tout simplement de ne pas poser comme lui le problème de la connaissance, et de continuer à soutenir, au nom de l'expérience et en dépit de la critique moderne, que ce problème se pose de lui-même, et que, pour le résoudre, il est inutile d'en dissocier les termes, d'opposer la pensée à l'être, l'objet connu au sujet connaissant.

Selon lui, au contraire, il n'y a pas d'accord possible entre la pensée et la réalité, *à cause de la nature même de la pensée.*

« Pensée est la chose qui est *en même temps* (10) autre chose que soi et qui l'est toujours.

« Et quand elle se pense elle-même, *elle ne se reconnaît pas et dit alors qu'elle se connaît.*

« Et, en effet, si elle essaye de se saisir, elle trouve du *nouveau*, et elle appelle se connaître : *percevoir de l'inconnu, du surprenant, du neuf, dans le connu même, par le connu même, en tant que connaissance.*

« Je me connais en tant que j'arrive à m'étonner moi-même, à me trouver inconnu, à me percevoir, c'est-à-dire à me diviser de moi.

« Je ne prends plus une image pour un objet, ni un pincement secret pour un avertissement mystérieux. Je sens que tout phénomène m'est extérieur; et le plus profond — peut-être — le plus extérieur.

Dans ce monde, la différence de phénomène est un phénomène. (11)

*
* *

Loin donc que la pensée traduise fidèlement le réel, elle le fausse, puisqu'elle est *en même temps* elle-même et autre chose qu'elle. Voilà pourquoi *Le réel ne peut s'exprimer que par l'absurde* (12), et pourquoi aussi « l'optimum de la connaissance est sans relation simple avec le réel ». (13)

Il faut pousser plus avant encore les conséquences de cette position arbitraire et soutenir que « toute pensée étant de la nature d'une simulation, il en résulte que toute pensée pressée et poussée à l'extrême, dans le sens de sa précision, tend à une contradiction ». (14)

Ainsi donc, pour Paul Valéry, connaître c'est au fond « mimer » ce que l'on connaît. Du fait qu'elle est en *même temps* elle-même et autre chose, sujet et objet, la pensée est à la fois et n'est pas, comme le simulateur qui est lui-même et n'est pas ce qu'il simule. On ne peut lui demander de représenter le réel, et, si elle y prétend, elle aboutit à l'absurde.

C'est précisément le cas des philosophes qui croient à l'*objectivité des idées*, et ont fondé là-dessus toute une métaphysique, sans parler de la Morale et de la Religion qu'ils essayent aussi de justifier de la même manière.

Paul Valéry les méprise, et semble les tenir pour des fous. Mais s'il est si sûr, pour son compte, d'avoir bien posé et définitivement résolu le problème de la connaissance; si, comme il le prétend, la réalité échappe aux prises de la pensée de par la nature même de celle-ci qui la dénature; si « penser, c'est perdre le fil (15), pourquoi donc demeure-t-il en proie à une certaine inquiétude qui transparaît dans son œuvre, et par moment, se sent-il angoissé?

« L'angoisse — revanche des pensées inutiles et stationnaires, et des va-et-vient que j'ai tant méprisés.

« Angoisse, mon véritable métier.

Et à la moindre lueur, je rebâtis la hauteur d'où je tomberai ensuite. » (16)

LE PENSEUR ET L'ARTISTE

Voilà donc un penseur qui proclame, à vingt ans, le désaccord radical de la pensée avec la réalité (17) et qui va nous donner, sa vie durant, le spectacle étrange d'un homme qui se passionne pour la pensée pure, ainsi détachée par lui du réel, et en même temps s'inquiète de la réalité, détachée par lui de la pensée, jusqu'à en être angoissé ! Comment concilier des attitudes aussi discordantes? Où trouver la clef de ce mystère?

Elle est dans la nature complexe de Paul Valéry, en qui s'agitent plusieurs personnages, dont les rôles ne s'harmonisent pas toujours : l'artiste, le penseur, le savant, le métaphysicien, le mystique.

Je ne sais si je me trompe, mais j'ai l'impression qu'à l'origine, chez Paul Valéry, dans la région profonde et obscure de son subconscient, là où s'élabora sa pensée, à l'abri de toute indiscrétion, un pacte a été conclu entre l'artiste et le penseur, dont la métaphysique fut l'enjeu. L'artiste aurait tenu au penseur à peu près ce langage : « Mon ami, j'ai besoin de vous. Vous savez si la pensée m'intéresse, mais vous savez encore mieux que ce qui m'intéresse dans la pensée c'est elle-même, sans plus, avec ses va-et-vient perpétuels, ses spontanéités et ses retours, ses irradiations et ses reflets, ses fusées et ses éclatements, bref tout cet admirable feu d'artifice dont notre vie intérieure est le théâtre et notre conscience le seul témoin. Mais pour m'abandonner sans réserve à ce jeu, j'ai besoin de savoir que la pensée se suffit à elle-même et s'explique par elle-même, ou plutôt ne requiert aucune explication. Il faut que je n'aie pas à m'inquiéter de la nature et de la portée des objets qui viennent de temps en temps y projeter leur ombre, lui imposer leurs limites, voire leurs contraintes. Je veux être sûr que ce qu'on appelle Métaphysique, Morale, Religion sont des inventions de Philosophes en chambre, plus préoccupés des tenants et aboutissants de la pensée que de l'entre d'eux, du monde des noumènes que des phénomènes, des choses en soi que de soi. Je vous en supplie mon ami, aidez-moi; arrachez-moi pour toujours aux obsessions de l'objet; livrez-moi libre à ma pensée libre ».

Subjugué, au moins provisoirement, le penseur se mit à l'œuvre. Par bonheur, il était d'une époque où les philosophes avaient déjà déblayé le terrain, et opposé l'une à l'autre la Pensée et l'Etre, qu'une croyance naïve avait jusqu'alors inséparablement unis. A leur exemple, et peut-être sous leur influence, il se fit prestidigitateur. Du revers de la main, il esca–

mota l'objet, proclamant les droits de la pensée pure à ne pas représenter le réel sous peine, si on l'y contraignait, de tomber dans l'absurde et la contradiction. C'est d'ailleurs ce qui nous a valu, de la part de l'artiste, ces admirables poèmes en vers et en prose d'une langue si riche, et si drue; d'un rythme si particulier, d'une audace si tranquille dans la négation.

Mais à quel prix ! Seul le penseur serait capable de nous le dire qui a bien pu, en logicien habile, dérouler toutes les conséquences de son opération prestigieuse et essayé de démontrer l'impossibilité de toute métaphysique, mais qui, comme malgré lui, aux heures d'intuition plus profonde, a été pris d'inquiétude et d'angoisse devant l'énigme du monde, qu'on ne supprime pas ainsi à volonté.

Car Paul Valéry, s'il est un bel artiste, n'en a pas moins le tempérament d'un véritable penseur. Il a bien pu, au temps de sa jeunesse, pour libérer en lui l'artiste, et n'imposer à son art aucune contrainte, tenter de couper le fil qui rattache la pensée à la réalité; proclamer que la pensée est de la nature d'une simulation, et à ce titre ne peut représenter ni exprimer le réel intelligible. Mais il est trop intelligent pour ne s'être pas aperçu, ou n'avoir pas soupçonné que la pensée peut être *en même temps* elle-même et autre chose, *pourvu que ce ne soit pas sous le même rapport*; que la connaissance est une *manière d'être* qui consiste pour la pensée à devenir l'objet, *idéalement*, sans que celui-ci cesse d'être en soi, *réellement*, ce qu'il est : une intelligible en puissance que l'intelligence, par l'exercice d'une fonction qui lui est propre, rend intelligible en acte.

LE MÉTAPHYSICIEN

Et ce qui m'autorise à émettre cette hypothèse, c'est que j'ai lu dans Paul Valéry « qu'il n'est de véritable savoir que celui qui peut se changer en être et en substance d'être, c'est-à-dire en acte ». Nous ne disons pas autre chose. J'ai lu encore, à propos du catholicisme, cette curieuse page : « Soyons justes ! Le seul catholicisme a approfondi la « Vie intérieure », en a fait un sport, un culte, un art, un but — et a pu aboutir par une voie systématique, par des opérations définies, par l'usage réglé de tous les moyens, par éliminations, associations, progressions, périodes — à organiser, subordonner, diriger les formes mentales, à créer des points fixes dans le chaos. C'est ce qui m'a frappé dès le début de ma réflexion — vers les 19 ans, je crois. Ce labeur incessant par quoi l'être est *relié* une fois de plus — en lui gît le secret de la seule et véritable philosophie qui est de créer un ordre transcendant — je veux dire qui comprend tout, et de faire un monde — d'absorber d'avance l'accidentel... » (18)

Après de telles intuitions, où se révèle la pensée de fond d'une intelligence aiguë, pour qui « penser ce n'est pas couper le fil », et rompre tout contact avec le réel, il importe assez peu que le penseur moderne, en Paul Valéry, ait malmené par ci par là la Métaphysique au nom d'une conception arbitraire et superficielle de la connaissance. Outre l'artiste qui l'y a fortement incliné aux environs de la vingtième année, la critique contemporaine n'a pas été sans influencer le radicalisme de sa méthode.

La pensée bergsonienne allait bientôt s'épanouir dans toute sa fleur, mais sans l'atteindre. Tout, cependant chez Bergson, aurait pu séduire ce jeune et profond esprit : sa formation scientifi–

que, ses dons magnifiques d'écrivain, son mépris non dissimulé de la Métaphysique, et je ne sais quel penchant instinctif vers un mysticisme trouble, mal défini, où l'on pouvait faire au sentiment sa part, et par lui sa cour à l'Inconnaissable, après avoir débouté l'intelligence humaine de ses éternelles prétentions à saisir le réel, et l'avoir brutalement renfermé dans le cercle d'un étroit utilitarisme.

« Le désir de « réaliser », écrit-il, conduit à chercher de plus en plus puissants moyens de *rendre*,

« Le rendre mène à la technique,

« La technique mène à la classification, à l'ordre,

« L'ordre mène au systématique (etc.). (19)

Voilà pour le *pragmatisme* qu'il formule ainsi : « Il m'est parfaitement inutile de savoir ce que je ne puis modifier. » (20) Voici maintenant pour la Métaphysique et ses parentes pauvres, la morale, la religion, la mystique, si toutefois on prétend les constituer avec les « objets » intelligibles d'une pensée dont toute la nature consiste au contraire à simuler le réel, à le rendre inintelligible. Ce n'est pas à dire que rien dans la réalité ne corresponde à ces grands mots; mais il n'y a pas de chemin intellectuel qui y conduise; l'intelligence n'est pas *destinée naturellement*, comme le croient les philosophes, à devenir toutes choses; elle est tout au plus propre à les défigurer.

« Si l'étonnement que les choses soient ce qu'elles soient, toutes les choses, avec leur ordre et leurs désordres, leur machine et leur spontanéité, leur vigueur et leur hasard et leur liberté — n'est qu'une impression et *fait partie des choses*; et s'il n'est pas profondément indice — mais fatigue, faux besoin — s'il ne signifie que l'on a un pied hors de tout et une situation a moitié hors de ma somme.

« Alors, adieu la métaphysique ! » (21)

Car la métaphysique est un leurre comme la pensée; une sorte de trompe l'œil. « Elle consiste à faire semblant de penser A tandis que l'on pense B, et que l'on opère sur B... Quand un philosophe pense à l'Etre, il prend une certaine configuration à demi visible, à demi cachée. Cette configuration ne doit point paraître dans sa pensée... (22) Au fond de toute métaphysique, il n'y a en somme que des mots.

« *Temps, espace, infini* sont mots incommodes

« Toute proposition qui se précise les abandonne. » (23)

Et ainsi de l'immortalité de l'âme, de la liberté, de la morale, de la foi, de Dieu. Des mots, des « trombones » soutient Paul Valéry.

« A ce sujet on peut considérer toute la métaphysique de ce genre comme infidélité, impuissance de langage, tendance à augmenter apparemment la pensée et en somme à recevoir de l'expression que l'on a formée *plus que l'on n'a donné et dépensé en la formant.* » (24)

« Ma liberté est de ne pas savoir d'où viennent mes idées, c'est-à-dire de n'avoir pas une idée qui commande et assigne toutes mes autres, leurs retours, leurs amours... (25)

« Toute morale repose, en définitive, sur la propriété humaine de jouer plusieurs personnages. » (26)

Quant à l'idée de Dieu, elle n'est ni plus représentative, ni moins anthropomorphique.

« Pour les chrétiens...

La vraie Incarnation est ceci : l'idée de Dieu, la présence divine, par l'activité du sens et de l'organe du divin, s'expose dans le cerveau humain, se met à la merci des accidents innombrables dont ce cerveau est précisément le lieu, le théâtre, l'*auteur* approprié. Et tout balance le Dieu dans ce Théâtre des Variétés. » (27)

Du moins le chrétien va-t-il échapper à cette défiguration intellectuelle de Dieu par la foi? Non, si la foi elle-même se traduit en langage intellectuel et fait appel à des raisons « objectives » de croire.

« Si quelqu'un dit croire à telle chose (invérifiable) et si, en substituant à cette chose, toute autre de même genre, les motifs de croire allégués demeurent inaltérés, alors on peut conclure que le croyant prétendu ne croit pas, mais croit croire. Ainsi, changer 3 en 4 dans la Trinité. (28)

Le même sort est réservé à la mystique qui se réclamerait de la théologie, dont Paul Valéry nous dit « qu'elle joue avec la vérité », comme le chat avec la souris. (29)

« Il n'y aurait qu'à attendre (montre en main) pour voir le sceptique se changer en croyant; le croyant en sceptique, le classique en *fauve*, et réciproquement ! Affaire de patience. (30)

« L'être mystique est transformable directement en être immoral. » (31)

« Il est grave de classer toutes choses selon les sensations qu'elles donnent. L'un placera

Dieu à l'infini, mais l'autre y mettra autre chose. Ce sera parfois le même et le passage de lui à lui, l'affaire d'un instant. » (32)

*
* *

Tout cela, évidemment, n'est pas très sérieux; encore moins faut-il le prendre au tragique. Si la vie morale, religieuse, mystique se développe à l'aventure dans une âme, au gré de ses sensations, comme un torrent qui ravage ou fertilise selon les endroits où il passe, en bondissant Paul Valéry a raison. Mais si les mêmes vies s'alimentent à des sources plus hautes, telles que la raison et la foi, et au lieu de suivre le cours indécis et tumultueux des sensations, se répandent entre des rives de lumière tracées par une pensée qui s'est formée à la mesure du réel, s'est traduite en « Vérité » acquise ou divinement révélée, Paul Valéry a doublement tort, d'abord contre cette Vérité qui le domine, puis contre une expérience séculaire qu'ont illustrée les honnêtes gens et surtout les saints.

Le malheur est que Paul Valéry, aux premières lueurs d'une réflexion qui s'annonçait riche et personnelle, ait subi la tyrannie d'une philosophie à la fois idéaliste et subjectiviste; puis qu'il ait considéré la pensée comme un instrument de déformation du réel; le moi intérieur comme la seule réalité que nous ayons quelque chance de connaître, non certes par le moyen de concepts, mais par la *science, l'art*, et le *sentiment.*

Sans doute, il était de taille, même alors et malgré sa jeunesse, à échapper aux attractions de la pensée moderne et à lui opposer sa propre pensée — car il possède un vigoureux esprit — mais n'oublions pas que ce penseur original était en même temps un artiste impatient de contemplation et de création, décidé à rompre toutes les barrières — fussent-elles lumineuses — qui lui feraient l'effet de limiter son vol ou simplement de paralyser son essor. Ces deux influences combinées — celle de la pensée moderne en dehors de lui, et de l'artiste en lui — expliquent en partie l'œuvre de Paul Valéry, œuvre de libération en apparence, mais en apparence seulement. Car le métaphysicien qui sommeille en son âme et dont il a cru pour toujours enchaîner le « moi profond », n'est pas mort. De temps en temps, à quelque réflexion, à certains cris jetés en passant, on le sent qui se réveille, et voudrait sortir de son « moi enchaîné », pour reprendre contact avec cet ordre transcendant dont il a proclamé que le secret de la seule et véritable philosophie est de le créer, comme celui de l'honnête homme et du saint est d'y vivre, de s'y amplifier en s'abandonnant activement à ses divines contraintes.

Est-il téméraire de croire qu'un jour, lorsque l'artiste, assagi sinon désabusé, en aura assez de voir se dérouler indéfiniment sous ses yeux le film étincelant de *sa* pensée, chargée d'images et de sensations, non de réalité intelligible, et que le métaphysicien, un instant réveillé de sa profonde léthargie, se sentira une fois encore mordu au cœur par cette « angoisse qui est son véritable métier », Paul Valéry songera enfin à l'*homme* tout court, à ses besoins innés de Vérité et de Vie, c'est le secret de Dieu ! Mais je reste persuadé que ce jour-là, — s'il ne tardait pas trop — son génie s'épanouirait en plénitude, et que sa poésie y gagnerait en éclat, et sa pensée en profondeur.

Pour le moment, ce n'est pas à la pensée qu'il demande de lui ouvrir l'accès du réel. Il tient le chemin intellectuel pour une impasse, et s'engage sur d'autres routes. A son avis, il y en a au moins trois possibles : la *science*, l'*art*, le *sentiment*. Mais pour s'y engager à sa suite et le comprendre, il ne faut pas non plus perdre de vue que ce poète–philosophe, est en même temps un savant de qualité.

Ainsi s'explique sa passion pour les mathématiques.

Poète, il croit à la puissance indéfinie de représentation des figures et des nombres. Son imagination s'y promène comme dans une forêt de symboles qui lui appartient et dont il peut user à loisir. Le souci qui le travaille de réduire tout le réel à ce symbolisme pour illustrer sa pensée, l'empêche de considérer l'en deçà et l'au-delà de celle-ci. De telles considérations gâteraient son plaisir, et l'artiste ne sait comment remercier le penseur de les lui épargner grâce à la virtuosité de sa méthode. L'ivresse spirituelle qui jaillit en lui du spectacle de la pensée pure, vidée de son objet et limitée à son fonctionnement, lui suffit. Tout le reste est pour lui comme s'il n'était pas.

« Nul en effet, remarque Henri Massis, n'est moins hanté que Valéry par ces abîmes qu'un Pascal voyait s'entr'ouvrir à ses côtés. Devant le vide, l'auteur de *Charmes* n'a point d'effroi ni de vertige; il ne regarde que l'entre-deux, et il s'y meut avec l'aisance, le détachement d'un pur esprit que ses propres girations intéressent assez pour qu'il n'ait pas souci de rechercher d'où lui vient son mouvement, ni quel peut ou doit être le but final de sa course. Il est en mouvement, dans un incessant mouvement d'explications, de traductions, de symboles, de mythes et il ne songe qu'à la justesse, au parfait engrenage des causes secondes, dont son génie décèle la naissance, l'union, la rupture les accords, l'emmêlement, selon les lois des qualités et des nombres, tout l'admirable mélange de déterminisme et de liberté... Les créations de la mathématique ou de la poétique, il y porte un regard d'autant plus grave que le mystère de leurs combinaisons semble le consoler de ne point scruter le mystère inviolable de la Création, de la Cause première, et qu'elles ont une absence de finalité bien propre à l'en distraire. Rien qu'un plaisir et de l'espèce la plus rare ». (33)

Algèbre, physique, mathématiques, il ne cache pas où vont ses complaisances et où le conduisent ses goûts raffinés d'artiste, de penseur et de savant.

D'abord il sait gré aux mathématiques d'être à leur manière des sciences exactes, et de mettre à la disposition de son esprit précis à la fois et imaginatif, pour exprimer une pensée essentiellement fuyante, nuancée, le clair langage des figures et des nombres.

« Mon goût du net, du pur, du complet, du suffisant, conduit à un système de substitutions — qui reprend comme en sous-œuvre le langage — le remplace par une sorte d'algèbre — et aux *images* essaie de substituer des *figures* — réduites à leurs propriétés utiles. Par là se fait automatiquement une unification du monde physique et du psychique. (34)

Pour Paul Valéry, une fois éliminée la Métaphysique du domaine des sciences, sous prétexte que l'*être* des choses, et par suite leurs *essences*, nous échappent, il n'y a plus de place que pour la physique et les mathématiques. Ce sont les seules sciences possibles. La psychologie elle-même ne peut être « figurée » qu'à travers la physique.

« On ne peut se figurer assez le système psychique et sa singularité que par comparaison constante avec le monde de la physique. J'entends une comparaison *fine* — c'est-à-dire en essayant d'adapter par analogie les concepts de la physique, son langage et ses analyses aux faits psychologiques. » (35)

Il faut lire dans *Variété* le récit presque dramatique que nous fait Paul Valéry de sa découverte du monde scientifique, *à vingt ans*, alors qu'il croyait à la puissance de la pensée, avait foi dans quelques idées qui lui étaient venues, conservait ces ombres d'idées comme des secrets d'Etat, et avait peur qu'elles fussent absurdes. (36)

Il avait cessé de faire des vers, et ne lisait presque plus. Les romans et les poèmes le décevaient, les philosophes l'irritaient, la mystique elle-même le lassait.

Tout à coup *Eureka* d'Edgar Poe tomba sous ses yeux; ce fut une révélation.

« *Eureka* m'apprit en quelques moments la

loi de Newton, le nom de Laplace, l'hypothèse qu'il a proposée, l'existence même de recherches et de spéculations dont on ne parlait jamais aux adolescents, de peur, j'imagine, qu'ils ne s'y intéressent, ou bien de mesurer par des rêves et des baillements l'étonnante longueur de l'heure....

« Ces sciences, si froidement enseignées, ont été fondées et accrues par des hommes qui y mettaient un intérêt passionné. *Eureka* me fit sentir quelque chose de cette passion. »

Retenons cet aveu. Paul Valéry aime les mathématiques en artiste qui ne peut se passer de leurs symboles; mais il les aime aussi en penseur que travaille le démon du savoir et qui croit que la physique-mathématique réalise dès maintenant ce miracle de représenter l'univers et d'unifier la connaissance que nous en avons.

A coup sûr, il ne peut s'agir pour lui d'atteindre le fond des choses, si tant est qu'elles en aient un; la nature de notre pensée nous l'interdit. Il s'agit seulement d'une connaissance des phénomènes de la nature physique, à l'aide des représentations mathématiques. « Au chapitre huitième d'*Eureka* se lit cette proposition : *Chaque loi de la nature dépend en tous points de toutes les autres lois.* N'est-ce point, sinon une formule, du moins l'expression d'une volonté de relativité généralisée?

« La parenté de cette tendance avec les conceptions récentes s'accuse, lorsque l'on découvre dans le *poème* dont je parle, l'affirmation de relations *symétriques* et réciproques entre la matière, le temps, l'espace, la gravitation et la lumière. J'ai souligné le mot *symétrique : c'est, en effet, une symétrie formelle, qui est le caractère essentiel de la représentation de l'univers selon Einstein.* Elle en fait la beauté. » (37)

Paul Valéry a raison de considérer comme prodigieuse la découverte par les savants modernes de la *physique-mathématique,* autrement dit d'une science universelle de la nature physique informée par les mathématiques. C'est la gloire des docteurs parisiens du XIVe siècle et de Vinci de l'avoir préparée; de Descartes et de Galilée de l'avoir réalisée; de Newton et d'Einstein de l'avoir perfectionnée. Grâce à elle, en effet, une *science empirique de la nature sensible* est possible, qui sans doute ne dépasse pas l'ordre des phénomènes, mais applique au détail de ceux-ci, tels qu'ils sont simplement juxtaposés dans l'espace et dans le temps, les *liaisons formelles des relations mathématiques.* (38)

Du fait que cette science, pour donner une explication des choses, se place exclusivement au point de vue de la *quantité*, et non à celui de l'*être*, elle renonce par là même à chercher directement les *causes réelles* pour se contenter de traduire les mesures prises sur les choses en un système cohérent d'équation. Evidemment, cela ne lui enlève rien de sa valeur d'*explication partielle* et provisoire de l'univers, mais cela lui interdit, sous peine de mentir à sa méthode, de nous en fournir une *explication totale et définitive.*

Paul Valéry, j'en suis sûr, serait le premier à souscrire à ces observations, lui qui rejette juqu'à la possibilité même d'une métaphysique. Mais est-il bien sûr que, même dans son propre domaine, — celui des phénomènes — la *physique mathématique* puisse prétendre à ce caractère d'universalité qui consisterait à les embrasser tous, ceux de la biologie, de la psychologie, et de la morale y compris?

Il se pourrait, remarque judicieusement M. Maritain, que la conception moderne de la science vînt heurter contre cet écueil, comme la tentative des anciens, celle qui a consisté à expliquer métaphysiquement les phénoménes de la nature sensible, a buté contre la physique. (39)

En tous cas, et pour en finir avec cette question, on peut bien admettre que les théories d'Einstein par exemple sont admirables comme pure construction mathématique; mais il faudrait avoir l'esprit borné ou sectaire de certains physiciens modernes pour y voir le dernier mot d'une explication intellectuelle de l'univers.

Paul Valéry se garde bien de tomber dans ce travers, Les mathématiques sont à ses yeux un moyen d'investigation du réel, la meilleure explication scientifique des phénomènes, mais il n'exige pas d'elles ce que leur méthode leur interdit de nous donner : une explication exhaustive des choses. La synthèse qu'elle nous présente, si elle satisfait ce besoin d'unité qui est la marque de tout esprit supérieur, fixe en même temps la limite idéale au delà de quoi l'esprit humain n'a devant lui que le vide, ou, si l'on préfère, l'horizon irrémédiablement fermé de l'Inconnaissable. Telle est, je crois, l'attitude de Paul Valéry en face de la vérité mathématique.

Par ailleurs ce grand artiste ne peut se contenter de prendre contact avec le réel par l'entremise des mathématiques. Si la connaissance des phénomènes lui suffit, il ne lui suffit pas de les connaître mathématiquement; car il n'y a de science que du général, fût-ce dans l'ordre des phénomènes, et les généralisations les mieux établies ne sauraient remplacer l'intuition de la réalité concrète, individuelle, surtout pour un poète dont la sensibilité, au contact des choses ou plutôt des sensations et des émotions qu'elles provoquent en lui, dans sa conscience, paraît en état de vibration perpétuelle. En conséquence, il ira demander à l'art ce que sa science de prédilection est incapable de lui fournir.

L'ARTISTE

Sur ce terrain encore nous allons revoir aux prises, dans Paul Valéry, l'artiste et le penseur.

Je ne dirai rien ici de l'artiste qui ne soit connu de tous et qui n'ait déjà été dit et redit par quelques-uns de ses meilleurs critiques, Thibaudet, Charles du Bos, Frédéric Lefèvre et Henri Brémond. Ce poète est à la mesure des plus grands. Mais j'imagine volontiers que ses créations artistiques les plus réussies, et tout l'effort de réflexion qu'elles supposent ont pu seules compenser à ses yeux son nihilisme intellectuel, son mépris de l'idée, sa négation de l'*être*, et le dispenser de tourner son regard profond de métaphysicien endormi vers les plus graves problèmes qui aient jamais tourmenté l'humanité. Partout il a sacrifié l'objet à l'analyse du sujet, la pensée proprement dite à son exercice. Son culte de l'expression l'a finalement emporté sur celui de l'idée.

Mais, ces réserves faites, on doit reconnaître qu'il a tiré de son art tout ce qu'il pouvait exiger de lui, comme artiste à la fois et comme penseur, déterminé à ne jamais franchir la limite des phénomènes. Il a aimé l'art pour lui-même, en artiste, pour la beauté dont il est la source, et, en penseur, pour les connaissances dont il est l'instrument.

Ce dernier point seul nous intéresse pour le moment, beaucoup plus que celui de savoir si Paul Valéry est un chevalier de la poésie pure, dont il a au moins inventé le mot; s'il faut le ranger parmi les classiques ou les romantiques, ou s'il ne dépasse pas ces classifications traditionnelles.

Le fait est qu'il regarde l'art comme un moyen de connaissance.

« Entre la chose qui est ce qu'elle est, écrit-il, et la chose dont la fonction est d'être autre que ce qu'elle est, il y a un intermédiaire. C'est cet intermédiaire, le moyen de la musique. » Et il ajoute en marge, à l'encre rouge : « Entre l'Etre et le Connaître, travaille la puissante et vaine musique ». (40)

On ne pouvait avouer avec plus de précision que si l'art se suffit à lui-même comme créateur de beauté, il a aussi le privilège de nous révéler la réalité. C'est ce que Bergson — un autre nihiliste d'envergure — avait déjà écrit dans le *Rire* pour marquer la place de l'Art parmi nos moyens de connaissance. Il l'opposait alors à tous les artifices du langage, à toutes les conventions, à toutes les utilités sociales, et lui reconnaissait le pouvoir magique de faire tomber les plis du voile qu'une fée a dû tisser entre la réalité et nous, entre nous et nos propres états de conscience, pour nous mettre face à face avec la réalité même. Ainsi Paul Valéry. La musique, la danse (41), l'architecture (42), la peinture (43), sont à leur manière révélatrices du réel. Elles nous font pour ainsi dire sortir de notre moi conventionnel et utilitaire pour nous introduire dans le sanctuaire des choses, et nous permettre de les voir, de les toucher, de les sentir directement, de nous adapter à leurs contours, d'en épouser les formes, d'en saisir toutes les nuances, de nous assimiler à elles plus encore que de les assimiler, de subir leur empreinte plutôt que de leur imposer nos limites. Ainsi se perfectionne notre connaissance scientifique, mais généralisée, des phénomènes, par une pénétration personnelle vivante, infiniment variée, et riche d'émotions esthétiques. L'art nous restitue à sa manière ce dont nous prive la pensée; c'est sa revanche à lui contre elle d'obtenir de son seul *exercice* ce que son *objet* ne peut nous donner.

Il est vrai que cette connaissance du réel, par le moyen de l'art, ne dépasse pas la nature sensible, et que le problème de l'être, et tous les autres concentrés dans celui-là, lui demeurent fermés. Peut-être y aurait-il là de quoi troubler certains esprits? Mais Paul Valéry nous donne habituellement l'impression que cela ne l'émeut pas. Cependant est-ce bien sûr? Est-ce là le fond de sa pensée?

Nous avons déjà remarqué qu'à ses heures d'intuition plus profonde, rares et courtes, le métaphysicien qui dort en lui avait jeté l'alarme et soupçonné l'existence d'un monde qui dépasse la physique, et pourrait bien, s'il était connu, nous donner la clef du mystère qui nous entoure.

Mais, à défaut de la pensée qui nous ferme ce monde, en le défigurant; à défaut de la science et de l'art qui restent en deçà de ce monde, en le déclarant inconnaissable, n'avons-nous pas à notre service d'autres moyens de le connaître?

C'est ici que se pose la question du *sentiment* — voire du pressentiment — dans l'œuvre de Paul Valéry.

LE MYSTIQUE

On se rappelle qu'il confesse que « l'angoisse est son véritable métier », la revanche des pensées inutiles et stationnaires, et des va et vient qu'il a tant méprisés. De la part d'un esprit si « géométrique », — ce qui, d'ailleurs, chez lui, n'exclut pas l'esprit de finesse

— je veux dire d'une intelligence qui a si résolument expulsé l'être de l'horizon de ses recherches et s'est contenté d'une vue mathématique des phénomènes, ou d'une explication physique de la psychologie, c'est assez curieux.

Mais où va cette angoisse, ou plutôt d'où vient-elle? A-t-elle ou non un objet?

On connaît la note que Paul Valéry a consacrée à Pascal dans « Variété ». Elle a fait scandale. Il ne conteste pas cependant dans cette note l'extraordinaire puissance intellectuelle de Pascal, ni sa valeur d'écrivain; mais il trouve son apologétique contestable; il lui reproche « son effroi devant le silence éternel des espaces infinis », et « ne peut s'empêcher de penser qu'il y a du système et du travail dans cette attitude parfaitement triste et dans cet absolu de dégoût ». (44)

Alors il a voulu refaire pour son compte l'expérience pascalienne; il a « essayé d'observer en soi-même et de suivre jusqu'aux idées cet effet mystérieux que produisent généralement sur les hommes une nuit pure et la présence des astres ». (45) Cet immense point d'interrogation qu'est le ciel, comporte selon lui deux réponses : celle de l'*esprit* et celle du *cœur.* Celle de l'esprit peut elle-même varier avec les tournures d'esprit; elle ne sera pas la même chez le pur astronome, et chez le philosophe. Mais que sera celle du cœur?

« Le cœur, écrit Paul Valéry, finit presque toujours, dans sa lutte contre la figure effrayante du monde, par susciter, à force de désir, l'idée de quelque Etre assez puissant pour contenir, pour avoir construit, ou pour émettre ce monstre d'étendue et de rayonnement qui nous produit; qui nous alimente, qui nous enferme, qui nous menace, qui nous fascine, qui nous intrigue ou nous dévore. Et cet Etre, ce sera même une Personne — c'est-à-dire qu'il y aura quelque ressemblance entre lui et nous, et je ne sais quel espoir d'une entente indéfinissable. Voilà ce que le cœur *trouve.* Il tend à se répondre par un dieu. » (46)

Paul Valéry reconnaît donc l'existence d'un élan spontané vers Dieu. Dans le *Loy Book* ou le *C* de l'alphabet, cet élan revêt la forme d'une prière. Sans doute Paul Valéry ne prend pas à son compte cette prière. Dans le *Loy Book*, c'est son double, l'honorable M. Teste, qui la fait; dans le C de l'alphabet, il en prononce seulement le nom en fin d'une fantaisie.

Mais nous ne sommes pas dupes de ces transpositions, ni de l'effort d'ironie où se cache le désir de l'*Un*, de Celui que M. Teste ne nomme pas de son vrai nom, et que nous appelons Dieu.

« Vieux désir (te revoilà périodique souffleur) de tout reconstruire en matériaux purs : rien que d'éléments définis, rien que de relations nettes, rien que de contacts et de contours dessinés, rien que des formes conquises et pas de vague.

« Méditation sur son ascendance, sa descendance

« Etrangeté de ces échos de l'*Un*.

« Quoi, ce bloc moi trouve les parties hors de lui !... » (47)

Ailleurs dans *C* de l'alphabet nous lisons cette sorte de fantaisie supérieure, d'une souveraine beauté : « Je sais trop (tout à coup) qu'un enfant aux cheveux gris contemple d'anciennes tristesses à demi mortes, à demi divinisées, dans cet objet céleste de substance étincelante et mourante, tendre et froide qui va se dissoudre insensiblement. Je le regarde comme si je n'étais point dans mon cœur. Ma jeunesse jadis a langui et senti la montée des larmes, vers la même heure et sous le même enchantement de la lune évanouissante. Ma jeunesse a vu le même matin et je me vois à côté de ma jeunesse... divisé, comment prier? Comment prier quand un autre soi-même écouterait la prière? — C'est pourquoi il ne faut prier qu'en parole inconnue. Rendez l'énigme à l'énigme, énigme pour énigme. Elevez ce qui est mystère en vous à ce qui est mystère en soi. Il y a en vous quelque chose d'égal à ce qui vous passe ». (48)

Loin de moi la pensée de forcer de tels textes, et d'en tirer des précisions qui n'y sont point contenues. Mais ils n'en demeurent pas moins très suggestifs. Ce n'est pas l'*artiste* qui parle ici; ni le *penseur* soucieux de ne pas dépasser l'ordre des phénomènes; ni le *savant* satisfait de les résoudre en équation mathématique; ni même le *métaphysicien* en mal de Transcendance et d'Unité.

C'est un personnage nouveau, le moins compliqué de tous ceux qui s'agitent en Paul Valéry et finalement se paralysent les uns les autres par le jeu croisé et intermittent de leurs tendances contraires. Appelons le *mystique*, mais en prenant bien garde que son mysticisme ne se présente pas à l'état pur;

qu'il se ramène à une tendance intuitive plutôt qu'à un élan réfléchi; à une agitation dans le vide plutôt qu'à une aspiration positive vers Dieu.

« Mystique sans Dieu » a déclaré Paul Valéry lui-même dans la lettre de Madame Emilie Teste à un ami, (49) mais tout de même mystique, ayant l'intuition obscure du mystère, de quelque chose qui le dépasse, et qui ne *devient* pas seulement, mais qui *est*.

Paul Valéry a beau prétendre par la plume de Madame Emilie Teste que son cœur est une île déserte; que « toute l'étendue, toute l'énergie de son esprit l'environnent et le défendent; que ses profondeurs l'isolent et le gardent contre la vérité ». (50) A certaines heures, son cœur est le plus fort. Grâce à lui et malgré l'artiste replié sur ses créations, le philosophe sur ses négations, le savant sur ses constructions, le mystique tend de tout son désir inassouvi vers *Celui* que le métaphysicien, dans un instant de lucidité profonde, entre deux sommeils léthargiques, a conçu comme l'*Etre* nécessaire à l'explication totale des choses.

Selon M. Henri Brémond, le poète seul

expliquerait ici le mystique, à cause de l'étroite parenté qu'il découvre entre la mystique et la poésie (51). Mais l'artiste qu'est Paul Valéry me paraît si absorbé dans son œuvre, si attaché à l'exercice de sa pensée, si épris de netteté et de précision jusque dans la recherche de l'expression verbale, que j'ai peine à croire que tout ce travail lui laisse le loisir d'écouter les battements de son cœur et de s'y abandonner, ne fût-ce qu'un instant. Je croirais plutôt à une sorte de protestation inconsciente de l'*homme* qui étouffe sous les efforts voulus de l'artiste, du critique, du savant, et, autant par son cœur que par son esprit, cherche à rompre le réseau compliqué, mais fragile, de formules, d'abstractions, d'équations que ces différents personnages se sont appliqués, chacun à sa manière, à tendre aux confins du monde des phénomènes, sur ce qu'ils conviennent d'appeler le vide, le néant des choses, la région inaccessible de l'Inconnaissable.

III

MÉTAPHYSIQUE ET POÉSIE

Nous n'avons point chez nous, lit-on dans *Variété*, de poètes de la connaissance. Notre poésie ignore, ou même redoute, tout l'épique et le pathétique de l'intellect. Peut-être avons-nous un sentiment si marqué de la distinction des genres, c'est-à-dire de l'indépendance des divers mouvements de l'esprit, que nous ne souffrons point les ouvrages qui les combinent. Nous ne savons pas faire chanter ce qui peut se passer de chant. Mais notre poésie, depuis cent ans, a montré de si riches ressources et une puissance si rare de renouvellement, que l'avenir lui donnera peut-être assez vite quelques-unes de ces œuvres de grand style et d'une noble sévérité, qui dominent le sensible et l'intelligible. (52)

Ainsi parle Paul Valéry. Et voici comment parle à son tour le P. Sertillanges, dans une note précieuse qu'il a ajoutée à son troisième volume de la traduction du Traité de Dieu de la Somme théologique de St. Thomas : « Un Paul Valéry a trouvé dans son agnosticisme de quoi donner à quelques moments, par contraste, le frisson du divin; que ne pourrait-il pas, poète et technicien de la pensée comme du verbe, en abordant de front non le vide où sa triste philosophie se complaît, mais l'Etre ineffable. » (53)

On voit à quelle hauteur se rejoignent ce poète et ce philosophe pour souhaiter qu'un jour la philosophie et la poésie, loin de se séparer, contractent une alliance.

Je suis persuadé pour mon compte, qu'un Paul Valéry, s'il avait pu échapper à toutes les influences extérieures et intérieures que j'ai signalées, et délivrer de ses liens factices le métaphysicien que l'artiste, l'agnostique et le mathématicien se sont plu à enchaîner et à réduire au silence au plus profond de son moi, aurait pu nous donner « ces œuvres de grand style et d'une noble sévérité, dominant le sensible et l'intelligible, » dont il croit que la poésie dotera un jour notre pays. Le ciel avait déposé dans son berceau ces dons magiques d'intuition intellectuelle et de technique verbale qui auraient fait de lui un merveilleux poète de la connaissance. Mais le souffle desséchant de la critique moderne a passé de bonne heure sur sa pensée et l'a stérilisée. A la nourriture substantielle de l'*être* dont notre intelligence a faim, il a préféré le brouet des *phénomènes*. Et sa poésie s'en ressent. Si elle domine le sensible, l'intelligible lui échappe, en vertu d'un décret arbitraire du penseur sur la nature même de la pensée, propre seulement, d'après lui, à dénaturer son objet, à le rendre inintelligible.

Mais faisons à notre tour une hypothèse. Supposons que Paul Valéry, au lieu de se livrer pieds et poings liés aux séductions de la critique moderne, se soit introduit dans le courant tranquille et fort tout ensemble de cette métaphysique aristotélicienne et thomiste dont M. Bergson lui-même a un jour avoué qu'elle est la métaphysique naturelle de l'intelligence humaine. (54)

N'est-il pas légitime de penser qu'il nous aurait donné alors, « d'ensemble ou par pièces un nouveau *Ciel* de la *divine Comédie*, plus purement thomiste, moins elliptique, moins livré au symbolisme abstrait, plus moderne? » (55)

Dût Paul Valéry sourire de mon effort, je vais essayer de dire à quelles conditions intellectuelles il aurait eu chance de nous donner ce chef-d'œuvre.

MÉTAPHYSIQUE

D'abord il lui eût fallu poser et résoudre le problème de la connaissance de toute autre façon; au lieu par exemple d'en dissocier les termes *a priori*, en les opposant arbitrairement l'un à l'autre, en accepter l'accord, tel que l'expérience nous le révèle.

Aristote en effet, et après lui Saint Thomas n'ont pas cru un instant que, pour résoudre ce grave problème où s'amorcent tous les autres, il fallût commencer par en séparer les termes en vidant la pensée de son contenu intelligible, ou en opposant de façon irréductible le sujet connaissant à l'objet connu.

Du moment que l'expérience, à la lumière du *Sens Commun* comme à la réflexion, leur révélait que partout et toujours, dans le mystère de la connaissance, la pensée et l'être se trouvent indissolublement unis, ils se sont inclinés devant ce fait universel, et ingéniés seulement à l'expliquer.

Ce que l'intelligence connaît d'abord, ce sont les *choses*; puis, par réflexion, les *idées* qui les lui représentent directement; qui sont ces choses même, non plus *en soi*, mais *en nous*, qui font que le sujet devient à *sa manière*; c'est-à-dire *idéalement*, l'objet sans que celui-ci cesse d'être *en nature* ce qu'il est, une forme-une idée pétrie de matière. Intelligible en puissance seulement, à cause de cette matière dont il est pétri, l'objet devient, par la connaissance, intelligible en acte. Mais si l'acte et la puissance se correspondent, comment un objet intelligible en puissance, de par l'*idée* qu'il réalise, serait-il déformé lorsqu'il devient intelligible en acte, grâce à l'intelligence qui l'idéalise? Nous ne saisissons pas sur le vif, intuitivement, l'acte mystérieux de l'intelligence par quoi s'opère cette transformation idéale du réel, mais l'expérience nous oblige à poser ainsi le problème de la connaissance. En conséquence nous n'avons pas le droit, sous prétexte d'échapper à un mystère relativement compréhensible, de sortir de l'expérience, pour nous heurter à d'autres mystères absolument incompréhensibles. Il nous est interdit, en particulier, sous peine de contradiction, d'opposer *a priori* l'être à la pensée, ou la pensée à l'être, alors que nous constatons *a posteriori* que la pensée, dans toutes les démarches de l'intelligence vers les choses, en revient chargée d'être.

L'*Etre*, voilà l'objet premier et adéquat de l'intelligence, celui que nous retrouvons au sommet comme à la base de la pyramide intellectuelle édifiée par des siècles de saine philosophie. L'être est l'âme des choses, comme il l'est de nos intuitions, de nos jugements et de nos raisonnements. C'est à l'idée d'être que se rattachent les grands problèmes de Dieu et de la nature de l'homme, et par elle qu'ils se résolvent, en tenant rigoureusement compte, bien entendu, des lois de l'analogie qui, pareille à un immense filet aux mailles plus ou moins serrées, enveloppe tous les êtres, du ciron jusqu'à Dieu.

En reprochant à la métaphysique traditionnelle d'être stérile et de tourner sans fin dans le cercle vicieux de ses syllogismes, beaucoup de philosophes modernes lui ont prêté gratuitement l'erreur fondamentale qui vicie leurs propres systèmes, et qui consiste, en détachant *a priori* la pensée de l'Etre, à confondre la Raison pure avec la Raison logique. C'est en effet cette confusion qu'on retrouve à l'origine de l'Idéalisme hégélien, expression suprême du kantisme, et qui est sous-jacente au réalisme bergsonien, toutes les fois que son auteur fait un grief à la Raison de s'épuiser dans d'inutiles abstractions et de dénaturer les choses en les morcelant.

Idéaliste à la fois et réaliste, la doctrine d'un saint Thomas, par exemple, échappe à ce reproche et à cette confusion. Sauf en Logique pure, où elles sont traitées pour elles-mêmes et d'une manière technique, les idées n'y sont estimées qu'en fonction de la réalité qu'elles représentent; les conclusions ne valent que ce que valent les principes d'où elles sont déduites, et les principes à leur tour tirent toute leur valeur de vérité de cette intuition primitive et inconsciente par quoi l'intelligence prend immédiatement possession de l'être des choses, et y découvre les notions premières et les principes premiers régulateurs des choses et de la Pensée.

Comprendre cela que tout vient de l'être et s'y ramène; que le principe d'identité, — loi suprême de l'être, — est le cœur même de la Pensée; que, grâce à lui, toutes les modalités de la connaissance — intuitions, jugements, raisonnements, — sont chargées d'être comme les veines le sont du sang qu'elles charrient à travers l'organisme, c'est se mettre en état de tout comprendre; c'est ouvrir toutes grandes les portes de l'intelligence sur les deux mondes où nous sommes appelés à penser et à vivre, ceux du relatif et de l'Abslou, du fini et de l'Infini.

La question se pose aujourd'hui encore comme au temps d'Aristote et de Saint Thomas, comme elle se posera éternellement à toute intelligence humaine soucieuse de penser. Les choses sont et elles deviennent; il y a de l'être et du mouvement dans les choses. Comment expliquer le passage de l'être au devenir? Faut-il, avec Parménide, nier le devenir, ou, avec Héraclite, nier l'être, principe de toute intelligibilité? Aristote n'a pas cru que l'intelligence fût acculée à l'une ou l'autre de ces extrémités. Par un trait de génie qui lui a permis de donner à son système d'explication de l'Univers l'unité et la solidité d'un organisme perfectionné et vivant, il a compris que le *devenir*, dont l'existence s'impose à nous avec la même évidence que l'*être*, n'est que le passage de l'*être indéterminé* à l'*être déterminé*, tel le passage de l'embryon à l'être constitué, du germe à la plante, de la capacité réelle de connaître à la science acquise. Cet être indéterminé, susceptible de recevoir une détermination, il l'a appelé *puissance*, par opposition *à l'acte* qui le détermine. Cette puissance qui, par elle-même, n'est pas l'acte, ne peut par elle-même passer à l'acte; elle a besoin pour cela d'être mue par une puissance active, elle-même pré-mue par une autre puissance active, jusqu'à ce qu'on aboutisse — sous la pression d'une logique immanente aux choses même, et en vertu du principe d'identité — à un Etre qui, lui, n'ait pas besoin de recevoir l'impulsion créatrice, mais soit *Acte pur*, l'Etre même, et, à ce titre, nécessairement créateur de toutes choses. C'est cet Etre que nous appelons Dieu, synthèse vivante de tout ce qui est, dont la pensée créatrice se retrouve analogiquement dans tous les êtres, même pétris de matière, et les rend intelligibles en puissance, en attendant que notre intelligence, par l'intuition abstractive qui lui est propre, les dépouille de leur matière et les rende intelligibles en acte.

Ainsi donc, en partant de l'expérience; en prenant comme un *donné* la corrélation naturelle de l'objet et du sujet de la connaissance; en respectant l'union indissoluble de la pensée et de l'être, nous aboutissons, sans hypothèse, sans *a priori* d'aucune sorte, mais conduits seulement par les exigences objectives de l'être et de la pensée lourde d'être, à l'existence de l'Etre même qui à son tour nous explique l'existence des choses, et, par sa pensée créatrice qu'elles réalisent chacune à leur manière, fonde leur intelligibilité.

SCIENCE ET MÉTAPHYSIQUE

Je suis loin de soutenir que la Métaphysique ainsi comprise explique tout, les *phénomènes* comme l'*être*, et qu'il n'y ait pas de place à côté d'elle pour une explication scientifique des choses.

J'ai déjà remarqué au contraire que la prétention des anciens à vouloir donner une explication métaphysique immédiate de la nature sensible et de l'expérience infra-scientifique avait échoué en butant contre la physique. Mais j'ai observé également qu'une explication scientifique des choses qui voudrait absorber la métaphysique ou la remplacer s'exposerait au même sort.

S'ensuit-il qu'il y ait une opposition irréductible entre la métaphysique et la science? Ce serait une lourde erreur de le croire. Ces deux disciplines de l'esprit sont évidemment distinctes. N'ayant pas le même objet, elles n'ont pas la même méthode. Mais tout en se gardant à leur égard d'un séparatisme paresseux ou d'un concordisme trop facile, suivant la formule heureuse de M. Maritain (56), on peut essayer de rétablir le lien vital qui les rattache l'une à l'autre, en respectant les distinctions et les hiérarchies nécessaires.

Tel est le cas des rapports de la physique-mathématique avec la Métaphysique. Tout lien organique n'est pas rompu entre elles. « Le lien existe, non pas dans l'ordre de l'explication des choses, mais dans l'ordre épistémologique, dans l'ordre de la théorie de la connaissance. En déterminant la nature et la valeur vraie de la science physico-mathématique, la place, le rôle et la portée de ses explications, non seulement la métaphysique maintient dans l'ordre le système de nos connaissances, mais elle rend à la physico-mathématique le service essentiel de la protéger contre des déformations sans cela presque inévitables, avant tout contre cette illusion pernicieuse qui la porte à se prendre elle-même pour une philosophie de la nature, et à croire que les choses ne commencent que lorsqu'elles sont mesurées par nos instruments. Que les explications physico-mathématiques usent de temps disloqués et d'espaces non euclidiens, elles sont libres, elles font bien, elles doivent progresser toujours dans leur ligne : l'esprit est fixé sur leur signification. » (57)

L'idéal serait qu'un accord d'ensemble — et non un impossible concordisme de détail — s'établît entre les sciences et la métaphysique, une bonne intelligence, une sorte d'amitié naturelle qui substituerait à un esprit d'opposition et de dénigrement préjudiciable à la vérité, une liberté d'esprit telle qu'elle n'imposerait aux savants, dans leurs recherches et leurs explications, d'autres limites que les exigences imposées par l'objet qu'ils étudient et la méthode que cet objet leur impose, ni plus, ni moins.

Nous n'aurions plus alors ce spectacle un peu déconcertant de soi-disant philosophes qui consacrent tous leurs efforts de pensée à jouer aux savants, et de savants qui prétendent jouer aux philosophes, sans que la science et la philosophie aient à y gagner, au contraire. La métaphysique, rétablie dans ses droits, outre qu'elle redeviendrait par la transcendance même de son objet qui est l'être, le terme où doivent tendre les efforts d'une pensée qui prend son point de départ dans l'expérience comme toute science qui se respecte, justifierait du même coup aux yeux du savant le plus inflexible sur les droits respectifs des sciences, les efforts qu'il consacre à leur progrès. C'est dans ce sens élevé que Duhem demandait au savant de reconnaître franchement « qu'il serait déraisonnable de travailler au progrès de la théorie physique, si cette théorie n'était le reflet de plus en plus précis d'une métaphysique. La croyance en un ordre transcendant à la physique, ajoutait-il, est la seule raison d'être de la théorie physique ». (58)

MÉTAPHYSIQUE ET POÉSIE

Et ce qui est vrai des sciences dans leur rapport avec la Métaphysique, l'est, toute proportion gardée, de la poésie, j'entends de la poésie qui, selon le rêve de Paul Valéry, arriverait un jour à *dominer le sensible et l'intelligible.*

Le P. Sertillanges a posé récemment cette question sur son vrai terrain — celui de Dieu, à quoi aboutit toute métaphysique digne de ce nom — avec une grande largeur de vues et un rare bonheur d'expression. « La mysticité, écrit-il, et la poésie ont un très grand rôle dans la connaissance de Dieu, et une doctrine qui place Dieu au degré le plus élevé, par conséquent au stade le plus lointain de la connaissance humaine, est tenu plus qu'une autre... de leur faire une large place. Moins un objet est connaissable en lui-même, plus l'intuition mystique, plus le symbolisme poétique et les indéfinissables états de la « poésie pure » y ont rapport et se peuvent donner carrière, à condition que cet objet soit riche autant que mystérieux, et surtout s'il n'est mystérieux et inaccessible à nos courtes vues qu'à cause de sa richesse.

« Mais est-ce une raison pour écarter la technique rationnelle, et n'en est-ce pas une au contraire pour la solidement établir? Cela dépend — de quoi? De la conception qu'on se forme, en précisant tout à fait, de l'inconnaissable divin et de nos rapports intellectuels avec lui, de la qualité et du caractère plus ou moins absolu de son mystère. Si Dieu est *inconnaissable* à tel point qu'on n'en puisse techniquement rien dire et que la raison raisonnante soit à son égard absolument désarmée, le cas est tranché : il n'y a plus qu'à laisser l'inspiration poétique, le sentiment mystique pousser leurs raids dans la direction de l'Absolu, y projeter les fusées éclairantes du symbole et chercher à égaler par tous les succédanés de l'extase l'innaccessible grandeur. Raisonner dans ces conditions, ne serait qu'un effort vain, et le syllogisme aurait perdu, en l'absence d'une métaphysique du divin, la primauté que lui accorde la métaphysique.

« Que si au contraire Dieu est *pensable* au sens propre du mot ; ou s'il l'est indirectement, par un détour, mais un détour légitime et rationnellement définissable, tout change. Mystique et poésie ne sont plus indépendantes d'une technique rationnelle ; c'est là qu'elles doivent chercher leurs bases, leur direction d'élan, leur contrôle. Dans le visible, le poétique, le mystique ne reposent-ils pas sur l'observation ? Là où ils s'en détachent, il n'y a plus que de vains rêves. Dans l'invisible, ce qui était donné par l'observation sera fourni par la pensée correcte, par des inductions et des déductions bien conduites. Partant de là, et gardant avec ces *notions* un contact protecteur, en acceptant le contrôle, s'en proposant seulement l'épanouissement plus loin et plus profond qu'elles-mêmes, la poésie et la mystique pourront prendre essor. » (59)

Est-ce possible ? Oui, à la condition de répudier l'*agnosticisme* et de ne pas verser dans l'*anthropomorphisme* qui tous les deux, à des titres divers, nous empêchent de connaître Dieu : le premier en le déclarant inconnaissable, le second en le défigurant.

Il n'y a qu'une voie sûre par où l'intelligence

humaine puisse s'aventurer pour parler correctement de Dieu, c'est celle de *l'analogie,* voie subtile, délicate, mais enfin capable de nous acheminer vers la connaissance de Dieu, « entre le néant de la pensée et ses satisfactions illusoires ».

ANALOGIE

Des agnostiques, comme Paul Valéry, estiment qu'au delà des phénomènes s'étend pour la pensée la région ténébreuse de *l'Inconnaissable*; que Dieu, s'il existe, est à la fois *impensable* et *innommable,* parce qu'il est seul, et « qu'il n'est point de noms pour des choses parmi lesquelles on est seul ». (60)

Est-il *cause* du monde, ou ne l'est-il pas? Nous ne pouvons le savoir, car l'origine du monde nous échappe. « Toute pensée de l'origine des choses n'est jamais qu'une rêverie de leur disposition actuelle, une manière de dégénérescence du réel, une variation sur ce qui est. » (61)

C'est ici surtout, d'après Paul Valéry, que notre pensée simule les choses, et nous fait illusion lorsque, pour expliquer l'origine de l'univers, nous parlons *de commencement, de néant, de création, de matière.* Pour le démontrer, il reprend à son compte, mais à sa façon, certaines objections soulevées déjà par Bergson, à la fin de son « Evolution créatrice » (62), et qui tendent toutes à prouver que l'univers ne réclame pas d'explication métaphysique; que les idées dont se servent les métaphysiciens pour soutenir le contraire sont des pseudo-idées, et qu'il faut en prendre son parti.

Je ne veux pas entreprendre ici une réfutation en règle de ces objections; mais je tiens à signaler qu'il ne suffit pas de dénaturer certaines idées métaphysiques, en faire des pseudo-idées, pour en avoir raison. Or, après Bergson, Paul Valéry prête aux défenseurs des preuves de l'existence de Dieu et de ses attributs des conceptions si étranges, des idées si fausses, qu'on ne peut les laisser passer sans protestation.

Quand il s'imagine par exemple que notre idée de la causalité divine est liée à celle d'un commencement absolu dans le temps, il se trompe. La causalité divine fait abstraction de l'éternité du monde et de son commencement temporel. Il dépend du bon plaisir de Dieu que le monde ait un commencement ou n'en ait pas, mais c'est la nature même des choses, dans leur ensemble ou dans le détail, qui postule nécessairement l'existence d'une cause increéée. En d'autres termes, lorsque nous affirmons que Dieu est cause des choses, nous entendons par là que les choses n'ont pas en elles-mêmes leur raison d'être, qu'elles sont inintelligibles, et que l'univers, pour devenir intelligible, s'achève en Dieu, c'est-à-dire en dépend dans tout ce qu'il est. (63)

« Tout commencement est coïncidence, écrit Paul Valéry : il nous faudrait concevoir ici je ne sais quel contact entre le Tout et le rien. En essayant d'y penser on trouve que tout commencement est conséquence — tout commencement *achève* quelque chose. » (64)

C'est de l'imagination pure. Car, à supposer que le monde ait commencé — comme la Foi nous fait une obligation de le croire — il n'y a pas à concevoir je ne sais quel contact préalable entre le Tout et le rien, mais un contact spirituel entre le monde créé et l'action créatrice de Dieu. Cette action créatrice de Dieu, éternelle comme lui, et en dehors du temps, aboutit en toute hypothèse à un monde qui, lui, ne peut être mesuré que par le temps, mais qui, éternel ou non, requiert ce contact créateur pour être et devenir intelligible. Si nous croyons que le monde *a commencé,* cela ne signifie pas qu'avant lui, et sur le même plan que lui, le *rien* ou le *vide* subsistait par rapport à quoi nous définirions son commencement. Cela veut dire : *actuellement,* la série des temps traversés par le monde n'est pas infinie; si j'en pouvais remonter mathématiquement tous les instants, j'aboutirais nécessairement à un premier. Celui-ci se conçoit donc par rapport aux instants qui le suivent, et non à un prétendu « rien » qui le précéderait.

Dans le cas contraire, c'est-à-dire de *l'éternité du monde* — si Dieu en avait ainsi décidé — il n'y aurait pas de *premier instant;* on pourrait remonter indéfiniment la série des temps, sans pouvoir jamais s'arrêter à un commencement.

Mais il n'en faudrait pas moins supposer à *tout instant,* pour rendre le monde intelligible et expliquer son existence, le contact spirituel des choses créées et de l'action créatrice de Dieu.

Le monde serait éternel, mais d'une autre éternité que celle de Dieu. Il le serait d'une éternité temporelle, si je puis dire, pour les êtres finis, soumis au changement et dont le temps est la mesure homogène, alors que Dieu est éternel, en dehors du temps, simplement parce qu'il est *l'Etre même*, tout entier ce qu'il est, infini, incréé, sans possibilité de *devenir*.

Il y aurait *analogie* et non *identité* entre l'éternité du monde et celle de dieu. Le temps resterait toujours « cette image mobile de l'immobile Eternité ».

Même erreur d'imagination concernant l'idée de *néant*. Paul Valéry nous dit, très joliment d'ailleurs : « S'il nous faut l'idée d'un néant, l'idée d'un néant est néant; ou plutôt elle est déjà quelque chose : c'est une feinte de l'esprit qui se donne une comédie de silence et de ténèbres parfaites, dans lesquelles je vois bien que je suis caché, prêt à créer, par un simple relâchement de mon attention; oui je sens que je suis, et présent, et volontaire, et indispensable, afin que je conserve pour un acte dont j'ai conscience, cette absence si fragile de toute image, et cette nullité apparente... Mais c'est une image et c'est un acte; je m'appelle *Néant* par une convention momentanée ». (65)

Y a-t-il au monde beaucoup de « poètes »

qui s'imaginent ainsi le néant? C'est possible, puisque Paul Valéry lui-même cède à cette tentation. Mais de vrais métaphysiciens, parmi ceux qui ne prennent pas les *images* pour des *idées*, je n'en connais pas qui s'illusionnent à ce point. Le néant n'est pour eux qu'une façon négative de *concevoir* un état positif des choses; ils ne *l'imaginent* pas antérieur aux choses mêmes, et dans la relation avec elles d'un contenant à son contenu. Parler en métaphysique du néant des choses, c'est tout simplement reconnaître que celles-ci n'ont pas en elles-mêmes leur raison d'être; qu'elles ne sont donc pas intelligibles par elles-mêmes; qu'elles requièrent pour le devenir un Etre qui au contraire existe en soi et par soi, et, à ce titre, — étant souverainement intelligible, — rende compte de leur être, et de leur intelligibilité. Toutes les preuves de l'existence de Dieu se ramènent en définitive à celle-là qui, en assimilant le *néant* des choses à leur *contingence*, montre bien que c'est au fond « ne pas être » que de dépendre d'un autre pour être, sous tous les rapports où l'on est.

Dans ce sens *métaphysique*, l'idée du néant n'est pas néant. Elle exprime au contraire la dépendance totale d'un être à l'égard de l'Etre même; des créatures à l'égard de Dieu. S'il est désirable, comme nous le dirons, que des images viennent à l'appui de telles idées pour les illustrer, et leur donner tout leur éclat, il est impossible en tous cas qu'elles se substituent à elles sans les défigurer.

Cependant, nous dira-t-on, si Dieu, en qualité de cause première des choses, existe *en soi et par soi*, il n'en est que plus *inconnaissable* pour nous. Car le temps n'est plus où l'on distinguait aisément entre le matériel et le spirituel. Toute l'argumentation reposait sur une connaissance achevée de la « matière » que l'on croyait déposséder et en somme, sur *l'apparence !*

« L'apparence de la matière est d'une substance morte, d'une *puissance* qui ne passerait à *l'acte* que par une intervention extérieure et tout étrangère à sa nature... Mais la matière a changé de visage. L'expérience a fait concevoir le contraire de ce que la pure observation faisait voir. Toute la *physique moderne* (66) qui a créé, en quelque sorte, des *relais* pour nos sens, nous a persuadés que notre antique définition n'avait aucune valeur absolue, ni spéculative. Elle nous montre que la matière est étrangement diverse et comme infiniment surprenante; qu'elle est un assemblage de tranformations qui se poursuivent et se perdent dans la petitesse, même, dans les abîmes de cette petitesse; on nous dit que se réalise, peut-être, un mouvement perpétuel. Il y a une fièvre éternelle dans les corps. » (67)

C'est toujours la même équivoque qui continue entre une conception physico-mathématique et une conception métaphysique de la matière.

Physiquement la matière a changé de visage, c'est certain; elle en changera probablement encore, au gré de l'expérience et des théories physiques combinées, car nous sommes ici sur le terrain mouvant des phénomènes, du devenir des choses. Mais métaphysiquement, c'est-à-dire si on la considère en elle-même, dans l'*être* qui la constitue, la matière ne change pas; elle est et reste une « pure puissance », capable de toutes les transformations sous l'action des causes correspondantes qui *l'actualisent.* Il ne s'ensuit pas qu'elle existe et subsiste à l'état d'une *substance morte*, séparée de toute forme. C'est nous, ou plutôt c'est notre intelligence qui, par un procédé naturel, la considère ainsi en elle-même, abstraction faite de toute forme, pour s'en faire une idée adéquate à sa nature réelle, et la rendre intelligible. Il n'y a pas d'ailleurs d'autre moyen d'expliquer les *transformations* successives et perpétuelles de la matière, que de l'envisager ainsi comme une pure puissance susceptible de recevoir toutes les formes, sans jamais être épuisée par aucune.

Ainsi se manifeste une fois de plus la différence qui sépare la science de la philosophie, l'abstraction physique de l'abstraction métaphysique : « Les termes symboliques que relie une loi de physique ne sont plus de ces abstractions qui jaillissent spontanément de la réalité concrète; ce sont des abstractions produites par un travail d'analyse lent, compliqué, conscient, le travail séculaire qui a élaboré les théories physiques; impossible de comprendre la loi, impossible de l'appliquer, si l'on n'a pas fait ce travail, si l'on ne connaît pas les théories physiques ! » (68)

Plus qu'aucune autre réalité, la matière qui sert à toutes de support substantiel requiert, pour être intelligible, l'existence d'une *Cause première* capable de la réaliser, disons de la créer de toutes pièces, sans autre intermédiaire que l'action créatrice. Et cette cause première nous l'appelons Dieu.

CONNAISSANCE DE DIEU

Dieu, par conséquent, si nous le considérons dans ses rapports de causalité avec les créatures pour expliquer leur être et les rendre intelligibles, n'est pas *impensable*, ni *innommable*. L'agnosticisme à son égard ne se justifie pas.

Mais on aurait tort de conclure de là, avec les *anthropomorphistes* de toutes nuances, « que l'on peut appliquer à Dieu, *de plano*, les notions que nous employons pour qualifier les objets de notre expérience, qu'il y a seulement à choisir entre ces notions, puis encore à les magnifier en les poussant à leur maximum, mais *dans la même essence*, de façon à répondre aux mêmes concepts. Une telle doctrine aboutit au Dieu fini, au Dieu engagé dans la trame de l'être et dans ses *catégories* multiformes, au Dieu inutile par conséquent, car... le problème de Dieu est celui de la Source d'être, et tout ce qui est *dans* l'être invite à monter plus haut ». (69)

En conséquence, ni agnosticisme, ni anthropomorphisme, lorsqu'il s'agit pour nous de parler de Dieu. Ces deux voies n'aboutissent la première qu'à l'*Inconnaissable*; la seconde qu'au *Méconnaissable.*

Pour aboutir au vrai Dieu, le seul que postule la création de l'univers, il faut prendre un chemin de traverse, celui de l'*analogie,* et tenir compte plus encore des différences que des ressemblances que la causalité établit entre les créatures et leur Créateur.

On le comprendra aisément si l'on veut bien se souvenir que rien n'existe dans notre intelligence qui n'ait d'abord passé par les sens; que ces *idées* que nous attribuons à Dieu pour signifier le rapport de causalité qu'il soutient avec les choses sont abstraites par nous de ces choses, et en demeurent comme éclaboussées de matière; que les plus épurées, les plus abstraites — telles les idées d'être, d'intelligence, de bonté, de vie — d'où cependant la matière est par nous exclue, n'en portent pas moins la marque du monde fini qui nous les a fournies, et ne sauraient s'appliquer telles quelles à l'Etre infini.

Est-ce à dire qu'aucune des perfections même

immatérielles que nous découvrons dans les créatures, et que notre intelligence dématérialise en les abstrayant, ne convienne en *aucune manière* au Créateur, et que nous ne puissions les lui attribuer sans le trahir et le défigurer? Non pas, mais il est nécessaire et il suffit qu'en les lui attribuant nous pensions qu'il ne peut s'agir là que d'une attribution proportionnelle; en d'autres termes que Dieu possède à *sa manière,* qui n'est pas celle des créatures, les perfections que celles-ci ont reçues de lui, et qu'elles nous manifestent; qu'il est donc à *sa manière,* c'est-à-dire infiniment, ce que les choses qu'il a créées, sont *à la leur,* c'est-à-dire d'une manière finie.

Certes, en agissant ainsi, nous ne *définissons* pas Dieu. Ce serait faire rentrer dans nos catégories celui qui se tient au-dessus et en dehors de toutes les catégories. Mais puisque nous entretenons avec lui, en qualité de créatures, des relations réelles, pourquoi, lorsque nous le qualifions d'après ces relations mêmes, tout en tenant compte de la *disproportion* qui éclate entre lui et nous, ne pourrions-nous prétendre à dire de lui des choses vraies?

Je vois bien qu'en toute rigueur de termes, il n'est pas vrai que Dieu soit ce que nous disons de lui qu'il est en le qualifiant d'après nos relations réelles avec lui. Il *n'est* pas comme nous; il n'est ni intelligent, ni bon, ni vivant comme nous le sommes. Il est tout cela *infiniment*, et nous ne savons pas ce que toute cette multiplicité de concepts représente de réalité à l'*infini*, dans un Etre nécessairement *un*. Mais il serait encore plus faux de soutenir qu'il n'est absolument rien de tout cela, et qu'on pourrait dire de lui le contraire, à savoir qu'il n'est absolument pas, et qu'il n'est ni intelligent, ni bon, ni vivant. Ce serait le blasphémer; car ce serait briser d'une main sacrilège le lien puissant de causalité qui nous rattache à Lui, et rejeter l'univers dans le chaos de l'inintelligibilité.

Il y a mieux à faire que de blasphémer Dieu de la sorte. Il y a d'abord à *adorer*, en son *unité transcendante et souveraine*, ce Dieu que nos pauvres mots et nos concepts multiples sont impuissants à étreindre, autrement dit à définir. Mais ne voit-on pas que cette adoration elle-même s'évanouirait dans le vague et la sentimentalité si, à la place de vérités qu'on aurait rejetées sous prétexte qu'elles n'ont, à l'égard de Dieu *en soi*, qu'une valeur négative, on laissait se glisser dans les esprits des contre-vérités capables seulement de les égarer et de les perdre? Les exemples ne manquent pas, dans l'histoire de l'Eglise, de mystiques qui se sont fourvoyés pour avoir prétendu donner toute la place à l'amour dans leurs relations avec Dieu, en refusant à l'intelligence humaine le droit de tracer les limites lumineuses au delà, ou en deçà desquelles l'amour même de Dieu s'expose à toutes les contrefaçons.

Enfin, la *poésie* ne peut-elle pas non plus *à sa manière*, qui a beaucoup d'accointance avec celle de l'amour, venir au secours des idées abstraites grâce à quoi nous balbutions le nom de Dieu, pour les animer, leur donner plus de vigueur et d'éclat?

Dans cette hypothèse, le poète, au lieu de demander au penseur, comme l'a fait Paul Valéry, de le libérer des servitudes de l'objet, se mettrait à l'école du philosophe, non certes pour *philosopher*, mais, comme le mystique, pour lui demander « de nourrir sa poésie de données fondamentales qui la défendraient de l'emphase vaine, du vague et pourraient en renouveler indéfiniment la vigueur.

« De savoir qu'en Dieu sa nature est son être même, ou bien, chose équivalente, qu'il n'a pas de nature; qu'il contient toutes les perfections des choses dans son indiscernable unité; qu'il *est* avec tant de plénitude, que l'être des créatures, quoique distinct, ne s'ajoute pas au sien et que la créature plus Dieu ce n'est pas plus que Dieu seul; qu'il est Vérité vivante, Bien vivant, Vie essentielle, Connaissance infinie, connaissance, dis-je, identique à son objet même, à sa puissance même, au sujet connaissant même et s'étendant à tout sans que ce tout intelligible ajoute rien à la pure connaissance de soi; — qu'il est en tout plus que tout n'est en soi; que son immobilité reçoit en elle tout le mouvement, sa simplicité tout le multiple, son inextension tout l'espace et son éternité immobile tout le temps; — que sa puissance est tellement illimitée qu'une série d'univers allant en progression géométrique croissante dans leur perfection, quelle que soit la *raison* de la progression et aussi loin qu'elle se poursuive, ne l'épuiserait jamais; — que sa bonté, son amour, sa miséricorde sont encore, s'il se peut, plus inépuisables, expressément davantage ce qu'il est; — que toutes ses perfections et son être même sont à notre disposition et nous seront un jour rendus accessibles; — qu'il est un état de l'être humain où cet être envahi par la divinité selon un mode de subjectivité objective plein de mystère, trouvera en cette divinité sa propre image mentale, son objet intérieur intuitivement pénétré, un objet de vie embrassé et goûté, dans une exaltation indicible, et qu'enfin notre âme fragile, échappant aux rythmes du temps, se mesurant à l'éternité, enfermera tout ce bonheur dans l'indivisible : un paysage perpétuel dans un éclair; dans une unique éternité une joie perpétuelle de savoir tout cela et d'y raccorder sa veine poétique, si ce n'est une source d'inspiration, je m'abuse étrangement sur ce qu'est la poésie et sur ce qui l'inspire. » (70)

CONCLUSION

Je me rappelle une soirée passée jadis au Saulchoir avec Paul Claudel où ces grandes questions étaient agitées entre nous. Le maître nous fit part alors du dessein qu'il nourrissait depuis longtemps de composer une sorte de poème lyrique où il tenterait de nous donner une *représentation* de la vie future des *corps glorieux*, en s'aidant de toutes les ressources de la théologie, de la philosophie, de la physique et de la poésie. Ceux qui n'ont pas entendu Claudel exposer dans l' « intimité » de tels sujets, avec cette passion contenue qui le transfigure, et cette profusion d'idées et d'images qui sont la marque de son génie, pourront sourire. Mais ce fut à la lettre un éblouissement.

En évoquant ces heures fulgurantes qui passèrent comme un éclair, je me disais qu'un Claudel qui, au-dessus de la vie des corps glorieux, s'essayerait à décrire la vie des âmes divinisées par la vision béatifique; à suggérer la vie même du Dieu trine et un, considéré en soi ou dans ses relations avec les âmes imprégnées de divinité; à décrire le mystère d'amour dont notre race fut l'objet de sa part, et notre monde le théâtre, y réussirait des merveilles. Plus qu'aucun autre, il serait capable d'enrichir nos pauvres idées, de les animer par la magie de son verbe, et de les revêtir du manteau royal de ses images somptueuses.

Et aussi, mais d'une autre manière, un Paul Valéry, qui a rendu hommage à l'Eglise et au Thomisme d'avoir fait au *corps* sa part de gloire, en l'associant à la transfiguration éternelle des âmes. (71) Il lui suffirait pour cela de ne pas imposer à sa pensée des limites arbitraires, après l'avoir vidée au préalable de son contenu; de lui restituer son objet qui est l'être, et, par delà le monde des phénomènes, de s'engager résolument dans la région de l'Inconnaissable, où le poète, le penseur, le savant, le métaphysicien, le mystique, au lieu de neutraliser leurs efforts, les uniraient, les concentreraient pour chanter, sur des modes nouveaux, la gloire et l'amour du Dieu vivant qu'ils se sont interdits jusqu'ici de nommer.

Pourquoi Paul Valéry ne referait-il pas alors, mais à rebours, l'*Ebauche du serpent*, et n'opposerait-il pas à l'exaltation du Néant celle de l'Etre, au poème de la haine, le cantique de l'amour? Son génie poétique trouverait là une veine digne de lui, et sa prose à la fois si riche, si claire et si nerveuse, une occasion unique de se déployer, de dominer, suivant ses propres rêves de poète-philosophe, tout le sensible et tout l'intelligible.

« Vol d'Icare, dira-t-on. Mais Icare est aujourd'hui un pilote sûr, il court encore des périls : sa chute n'est plus fatale, et les beaux risques le passionnent, et la cire des ailes ne fond plus. Je propose l'aviation métaphysique, l'aviation thomiste, et j'en appelle des poètes d'hier aux poètes de demain. » (73)

NOTES

1 — Xavier Léon : *La philosophie de Fichte*, Paris, Alcan, 1902.

2 — Maritain : *Les deux bergsonismes*, dans *Revue Thomiste*, 1912.

3 — Analecta : *Cahier B*, 1910. — *Variété;* Edition de la N. R. F.

4 — Analecta, p. 6.

5 — Descartes et Rembrandt, p. 11.

6 — Analecta, p. 47.

7 — Cahier B, p. 11.

8 — Analecta, p. 20.

9 — Cahier B, p. 52-53.

10 — C'est moi qui souligne.

11 — Analecta, pp. 44-45.

12 — ANALECTA, p. 45. Et Paul Valéry d'ajouter aussitôt : « N'est-ce pas toute la mystique et la moitié de la métaphysique que je viens d'écrire ».

13 — ANALECTA : p. 48, en marge.

14 — *Id.* p. 14-15.

15 — CAHIER B, p. 31.

16 — CAHIER B, p. 63.

17 — N'oublions pas que ces « pensées » que nous analysons ont été exprimées par Paul Valéry il y a trente ans, et qu'il n'y a pas touché depuis. (Préface des ANALECTA et CAHIER B.)

18 — CAHIER B, pp. 59-41.

19 — CAHIER B, p. 49.

20 — CAHIER B, p. 11.

21 — CAHIER B, p. 83.

22 — ANALECTA, p. 47.

23 — ANALECTA, p. 58.

24 — ANALECTA, p. 12.

25 — ANALECTA, p. 59.

26 — CAHIER B, p. 33.

27 — CAHIER B, p. 34.

28 — Cahier B, p. 41.

29 — Analecta, p.

30 — Analecta, p. 49.

31 — Analecta, p. 48.

32 — Analecta, p. 49.

33 — Chroniques, N° 2 (*Le Roseau d'Or*). Plon-Nourrit, pp. 54-55.

34 — Analecta, p. 21.

35 — Analecta, p. 21.

36 — Variété, p. 116.

37 — Variétés, p. 122.

38 — J. Maritain, *Philosophie et science expérimentale*, dans *Revue de Philosophie*, juillet-août 1926.

39 — J. Maritain, *Philosophie et science expérimentale*, dans *Revue de Philosophie*, juillet-août 1926.

40 — Analecta, p. 11.

41 — *L'âme et la danse.*

42 — *Eupalinos* ou *l'architecte.*

43 — Descartes et Rembrandt.

44 — Variété, p. 143.

45 — VARIÉTÉ, p. 146.

46 — VARIÉTÉ, p. 150.

47 — EDMOND TESTE, extraits de son *Loy Book* dans *Commerce*, 1925, p. 23.

48 — PAUL VALÉRY, dans *Commerce*, 1925, lettre C, p. 14.

49 — Dans *Commerce*, 1924, p. 26.

50 — *Idem.*, ibid.

51 — HENRI BRÉMOND, *Préface aux Entretiens avec Paul Valéry*, de Frédéric Lefèvre.

52 — VARIÉTÉ, pp. 117-118.

53 — SERTILLANGES : Dieu, vol. III, appendice II, p. 345 (Traduction française de la *Somme*). *Éditions de la Revue des Jeunes.*

54 — BERGSON, *Evolution créatrice*, p. 352.

55 — SERTILLANGES, *id.*, *id.*, p. 345.

56 — *Id.*, *ibid.*, p. 373.

57 — MARITAIN, *id.*, *ibid.*; p. 374-375.

58 — DUHEM : *Quelques réflexions au sujet de la physique expérimentale*, pp. 50-51.

59 — SERTILLANGES, *Dieu.*, ibid., p. 337.

60 — *Introduction à la méthode de Léonard de Vinci.*

61 — VARIÉTÉ, p. 130 sqq.

62 — BERGSON, *Evolution créatrice*, p. 301, sqq.

63 — St. THOMAS, 1re P. Q. 46, art. 2.

64 — VARIÉTÉ, p. 131

65 — *Variété*, p. 130-131.

66 — C'est moi qui souligne.

67 — *Variété*, p. 123.

68 — DUHEM, *opus. cit.*, p. 50-51.

69 — SERTILLANGES, *id.*, *ibid.*, p. 339.

70 — SERTILLANGES, *Dieu*, vol. III; p. 344.

71 — VARIÉTÉ, *Introduction à la méthode de Léonard de Vinci*, p. 187.

72 — CHARMES, *L'Ebauche du Serpent.*

73 — SERTILLANGES, ouv. cit.; p. 345.

JUSTIFICATION DU TIRAGE

Il a été tiré de cet ouvrage, le deuxième publié dans la collection *Les Cahiers Valéry:* pix exemplaires sur Japon Impérial, numérotés de 1 à 10 ; quarante exemplaires sur Hollande Van Gelder, numérotés de 11 à 50, et cinq cents exemplaires sur vergé de Rives, numérotés de 51 à 550. Les exemplaires hors commerce sont numérotés en chiffres romains.

Exemplaire N° 380

Achevé d'imprimer
le vingt Juin mil neuf cent vingt-sept
sur les presses de
l'Imprimerie du Livre à Rueil
H. Filipacchi étant directeur

www.ingramcontent.com/pod-product-compliance
Ingram Content Group UK Ltd.
Pitfield, Milton Keynes, MK11 3LW, UK
UKHW020926180726
13838UKWH00002B/777